Addictions

Dessin et couleurs

Ravard

FLUIDE GLACIAL

PRÉFACE

François Morel

Une légende rurale soutient que les meilleurs humoristes se prénomment François et naissent dans le bocage normand. C'est possible. Toujours est-il que Ravard, François de son prénom, répond à ces deux critères. Par ailleurs, il exprime son talent par des aquarelles qui seraient déjà extrêmement jolies si elles n'étaient pas en plus excessivement poilantes.

Le jeune François Ravard (oui, je peux dire le jeune François Ravard, la différence d'âge qui nous sépare, hélas, m'y autorise) a choisi de poursuivre le travail commencé par les grandes figures tutélaires que sont Bosc, Chaval, Sempé, Voutch (la liste n'est pas exhaustive, elle n'est pas infinie non plus) puis, prenant son courage à deux mains en même temps que le taureau par les cornes (ce qui n'est pas facile), il a décidé qu'il redonnerait des lettres de noblesse nouvelles et actualisées au dessin d'humour.

Le dessin de presse est un vin de soif. Il est très agréable mais il s'apprécie dans l'instant. C'est le plaisir immédiat du quotidien. Trois jours plus tard, il a un peu tourné. Et après des années, sauf exception, il devient quasiment imbuvable. C'est qu'on a perdu les références, on ne sait plus trop qui était le général Boulanger, on confond JJSS et Jean Lecanuet. On s'interroge : c'était qui déjà Antoine Pinay ? Guy Mollet ? Nadine Morano ? Adrien Quatennens ?

Le dessin d'humour a le temps pour lui. C'est un vin de garde.
On a le temps de le goûter, de le déguster, de le savourer.

Ça ne veut pas dire qu'il est hors du temps, non, mais il raconte l'époque dans ses grandes largeurs. Comme jadis, les moralistes analysaient, décrivaient, disséquaient les nouvelles mœurs, François Ravard, avec précision, ironie ou tendresse, raconte notre époque, celle du selfie, de l'exploit physique, du tuto, de la confiance aveugle au GPS, du principe de précaution, de la vie connectée et des milliers de followers...

François Ravard, comme ses grands aînés, convoque notre imaginaire, notre capacité à rêver. Il nous interroge : que s'est-il passé juste avant ? Que va-t-il se passer juste après ? Il ne dit pas tout. Il évoque sans souligner. Il suggère sans appuyer. Le dessin de François Ravard fait travailler celui qui le regarde.

Justement, cher lecteur, c'est pas le tout : au boulot !

Oui, je trouve aussi ce spectacle absolument magnifique, Nathalie.
Et d'ailleurs, cela me fait penser que j'ai oublié le rosé dans la voiture.

Regarde papa, j'ai trouvé un œuf de Pâques géant !

Échec et mat chéri ! Désolé, tu vas encore gérer les tâches ménagères cette semaine !

Oui, j'arrive mon trésor, j'attends juste la validation de l'Autorité des marchés financiers pour lancer mon OPA et je viens te mettre de la crème.

Si tu rapportes encore une fois la balle, je te ramène à la voiture.

Vous allez rire, mon téléphone a pris l'eau dans le naufrage
de notre croisière, impossible de prévenir les secours !
Vous n'auriez pas, à tout hasard, un moyen
de communication moderne dans le secteur ?

Chantal, tu voulais de l'aventure, je t'en offre,
alors ne me demande pas de te trouver des toilettes en plein désert !
Personne ne regardera, j'y veillerai..

Quel bonheur de passer cette Saint-Valentin à tes côtés,
tu me redonne foi en l'humanité, Siri.

Comment ça, pas approprié ?

Je sais qu'il s'agit de notre premier rendez-vous,
mais dans un souci de transparence, en vue d'une hypothétique relation sexuelle,
ou d'échange de fluides corporels, j'aimerais que vous preniez quelques minutes
pour remplir ce questionnaire d'ordre sanitaire.

Allez chéri, viens, elle n'est pas si froide !
Si ça peut te réchauffer, je veux bien enlever le haut...

Cela a beau être magnifique, je ne vois absolument pas l'intérêt de vivre cela sans la possibilité de le partager avec mes followers, puisque Madame n'a pas jugé bon de prendre l'option « wifi ».

*Qu'on ne vienne pas me raconter que la Terre est ronde,
ce serait que de la descente ! Heureusement qu'on fait
des pauses pour souffler !*

ALLEZ
ALLEZ
PERNOD
GÉGÉ
ALLEZ TITI

Remettez tout de suite cette frite à sa place, Thérèse !
J'ai tout vu. Heureusement pour moi, je ne dors que d'un œil !

Et nous voici très exactement au cœur même de votre futur centre commercial !
Un si bel endroit pour un projet de cette nature !

Mais enfin, ma sirène, évidemment que je te désire,
ce n'est pas de ma faute si l'eau est si froide !

Eh bien quoi ? Elle ne te plaît pas ?

MARATHON de PARIS
MARATHON de PARIS

Je digère mal les pâtes de fruits, vous n'auriez pas plutôt des croissants au beurre ?

Mais non, vous n'allez pas mourir !
Allez, on a presque bouclé notre kilomètre hebdomadaire !
Imaginez chaque mètre restant comme une bonne pâtisserie !

Ne me regarde pas comme ça, je tiens simplement à rester présentable si je croise un collègue.

Les vacances en famille étaient formidables, oui. Mais je suis heureuse de reprendre enfin le travail pour décompresser...

Et surtout, n'oubliez pas la mission première de votre stage : un café bien serré toutes les heures, accompagné une fois sur deux d'une gourmandise, excepté les sablés bretons que M. Le Directeur ne digère plus depuis qu'il a perdu sa filiale bretonne.

Je crois bien que t'es dans le vrai, José.
On aurait dû s'arrêter au premier verre, je commence
à voir les nuages passer par en dessous !

Papa, pourquoi il est tout maigre,
le monsieur ?

NY

L'un de nous deux est de trop dans cette chambre.

Oui, 10 000 abonnés, c'est pas mal.
Mais n'importe quel chat est 10 fois plus populaire.

Pour des raisons qui m'échappent, vous faites clairement semblant de m'ignorer depuis le début de la croisière, alors même qu'il semble évident que nous sommes faits l'un pour l'autre. Vous m'obligez donc à faire le premier pas.

J'ai retrouvé la motivation grâce à ma montre connectée, elle convertit mes kilomètres en verre de vin, et passe directement commande à mon caviste !

Et si je te l'échange contre un sandwich ?

Avez-vous une explication plausible au sujet de la correspondance que je viens de retrouver sous le buffet ? J'attends.

Le contre-plongeon.

La Première dame demande s'il vous est possible, après votre Conseil de défense lié à la crise nucléaire, de passer acheter du pain bio pour le dîner.

Un projet moderne, un projet d'avenir, que chacun d'entre vous peut retrouver sur 3615 BERNARD2022 !

Grave badass, Papi ! Une vraie machine à likes !

*Je sais que ce n'est pas de saison,
mais vous reste-t-il encore un peu de soleil ?*

*Maman, papa, voici ma liste de Noël, que j'ai faite suivre
à mon avocat, au cas où vous ne respecteriez pas mes souhaits.*

Mesdames et Messieurs, étant donné les circonstances, nous vous proposons une promotion exceptionnelle sur tous les alcools forts.

*Je suis désolée, la connexion avec
les esprits a planté.*

Reconnaissez-vous votre agresseur ?

C'est vrai, celui-ci est vraiment très beau,
mais je crois qu'il s'agit simplement de la fenêtre.

Vous ne pourriez pas communiquer par SMS plutôt,
sans bruits de bouche ni gémissements ?

69

T'inquiète, on est samedi, il ne bosse pas le week-end.

Je suis navré Madame, mais vos 135 followers ne seront pas suffisants pour prétendre à un repas gratuit. Pour un café à la rigueur.

Évidemment qu'on va t'aider à te débloquer, mais, dans un premier temps, on va instaurer quelques règles de « vivre-ensemble ».

Je la vois venir, votre parade nuptiale, mon cher,
comme chaque année au printemps. N'y pensez même pas.

Et pourquoi on fait toujours un monsieur ?

Je cherche une cravate « fantaisie », pour annoncer un licenciement de façon moins brutale.

Rendez-moi irrésistible.

Comment ça, tu as oublié le café ?!

67

Débrouillez-vous Bertiez, trouvez qui a osé construire une tour plus haute que la mienne, et faites-moi disparaître cela dans la semaine !

Tu penses vraiment pouvoir
me séduire avec ça ?

Tu ne pourrais pas, pour une fois, t'affranchir de ta
condition canine ? Tu dois renvoyer la balle, pas la ramener !

Mais enfin Maman, ne pleure pas pour une histoire de fève !
Tiens, je te la donne si tu veux...

Puis-je vous suggérer d'avancer votre cours de relaxation,
avant une décision ferme et définitive sur une éventuelle attaque nucléaire ?

M. Béguin, vous perdez votre temps à rester planté là... Combien de fois faudra-t-il vous dire que Mme Greluche nous a quittés il y a bientôt 3 ans...

C'est LE gps dernière génération pour smartphone,
tu crois vraiment qu'il nous dirait d'aller tout droit si c'était dangereux !?
C'est peut-être simplement un raccourci !

Excusez-moi, jeune marginal, auriez-vous à tout hasard la monnaie sur un billet de 100 ?

C'est plutôt cocasse votre tatouage,
car j'ai justement de très mauvaises nouvelles...

Évidemment que je sais ce que je fais, enfin !
Et surtout, n'oublie pas de filmer, les copains de la compta vont être écœurés !

Je mets le réveil pour début mai,
hisoire de prendre le petit déjeuner en terrasse ?

Cesse d'importuner ce monsieur enfin !
Puisque je te dis que ce n'est pas le Père Noël !

Tu avais encore oublié de me prévoir un goûter...
Ne m'oblige pas à faire un signalement.

82

Tu es vraiment sûr de toi Jean-Pierre ?

Évidemment, je me les pèle un peu,
mais c'est pour préparer mon summer body...

T'inquiète pas, Papa, y a un monsieur super gentil
qui vient consoler Maman à chaque fois que tu pars...

Oui Françoise, c'est bien moi qui ai « accidentellement » avalé votre enfant.
Mais si ça peut vous consoler, je l'ai très mal digéré.

Ravard

Ravard

ENTRETIEN

François Ravard

Vous avez commencé votre carrière comme auteur de bande dessinée. Comment êtes-vous venu au dessin d'humour ?

Mon premier métier, en effet, c'est la bande dessinée. C'est ce que j'ai voulu faire depuis tout petit, et j'ai eu la chance de pouvoir débuter jeune et d'avoir rapidement des projets qui se sont enchaînés. J'ai donc laissé de côté pendant longtemps d'autres idées et d'autres pratiques qui m'avaient toujours attiré aussi, en particulier le dessin de presse et le dessin d'humour. Et puis, il y a une douzaine d'années, quand je suis venu m'installer à Dinard, j'ai pris l'habitude de sortir voir la mer et de la dessiner. Et en regardant les gens sur la plage, en écoutant les discussions des touristes, je me suis mis à croquer tout ça, juste pour moi… C'était comme une respiration, qui est devenue de plus en plus nécessaire pour moi. Alors j'ai été ravi quand *Fluide Glacial* m'a proposé de publier régulièrement mes dessins.

Comment est-ce que cela s'est fait ?

Le tout premier dessin que j'ai publié dans *Fluide*, c'était il y a une dizaine d'années. Rudy Spiessert préparait un numéro « 100 % Breizh » avec uniquement des auteurs bretons et il m'avait demandé si ça me tentait. Évidemment, j'ai dit oui ! *Fluide*, je ne vais pas vous raconter cinquante ans d'histoire, c'est une institution de l'humour en France ! Ça m'a permis de rencontrer l'équipe et d'y trouver un climat familial qui me plaisait bien. Et puis Lindingre, qui était alors rédacteur en chef, nous a proposé, à mon ami James et moi, de travailler plus régulièrement, et on a fait ensemble *Chères élites*. Puis Jean-Christophe Delpierre, qui a succédé à Lindingre, m'a invité à continuer, en dessinant seul. Et j'ai choisi un fil rouge assez large, celui des addictions. Les premiers dessins de la série étaient assez grivois, pas vraiment dans le ton de ce qu'elle est devenue, donc je ne les ai pas mis dans ce recueil.

En revanche, vous y présentez, avec vos dessins pour *Fluide Glacial*, d'autres dessins que vous avez réalisés pour le magazine *Bastille*…

Oui. Les grands dessins en couleurs viennent des pages de *Fluide*, et les plus petits en gris ont été publiés dans *Bastille*, une jeune revue mensuelle qui fait écho au *New Yorker* dans le format et la manière de voir les choses, avec des articles signés par de très belles plumes et une grande place laissée au dessin. Chaque article est illustré par un cartoon qui est un entre-deux entre la presse et l'humour, avec une grande liberté laissée au dessinateur. On a choisi de mettre ces dessins dans le livre, car ils apportent une variété de formats et de couleurs, tout en restant assez proches par l'esprit.

Vous avez donc trouvé un équilibre entre la bande dessinée et le dessin d'humour ?

Tout à fait, à peu près à égalité dans mon temps de travail. J'adore toujours la bande dessinée, mais c'est un travail de longue haleine. Dessiner les mêmes personnages, case après case, page après page, cela

Illustration parue dans le *Fluide Glacial* n°425, ▸
spécial Bretagne, accompagnant l'article
de Maïa Mazaurette, "La Bretagne, pourquoi ?".

peut être par moments assez monotone. On se sent un peu comme les cyclistes du Tour de France, qui avalent les kilomètres, le nez dans le guidon. Faire un dessin d'humour, c'est comme faire une pause, respirer, lever les yeux et aller visiter le joli monument qu'on n'avait pas vu, flâner dans un champ ou dans un sous-bois, ou juste contempler les nuages...

J'ajoute qu'en bande dessinée, j'ai toujours travaillé avec des scénaristes, notamment parce que j'ai du mal à pousser seul une idée jusqu'au bout. Le dessin de presse ou d'humour est un format qui me convient très bien par son côté synthétique. C'est en une page qu'il faut raconter une histoire.

Quelle différence faites-vous entre le dessin de presse et le dessin d'humour ?

Pour moi, c'est une histoire d'intention et de temporalité. Je m'explique : le dessin de presse a pour fonction de faire rire ou réfléchir en rebondissant sur l'actualité. C'est un dessin d'instant, lié à un contexte précis, qui doit frapper fort et juste. En revanche – on en a tous fait l'expérience –, quand on regarde un dessin de presse dix ou vingt ans après sa publication, on ne saisit pas forcément son sens, parce que les références peuvent nous manquer. Le dessin d'humour, au contraire, doit pouvoir durer. Il offre un certain recul sur l'actualité immédiate et raconte plutôt une époque. C'est pour cela qu'il ne met pas en scène des hommes politiques ou des célébrités mais plutôt des personnages archétypaux et anonymes, dont on montre les habitudes, les attitudes, les névroses... Dans la préface qu'il m'a fait l'honneur d'écrire pour ce livre, François Morel a une très belle analogie : le dessin de presse, c'est un vin de soif à boire entre copains, tandis que le dessin d'humour se garde longtemps et se savoure davantage. Attention ! Ça ne veut pas dire que l'un vaut mieux que l'autre ! Ce n'est simplement pas le même exercice...

Vous dites que le dessin d'humour raconte une histoire...

Plusieurs personnes m'ont déjà dit : « dans vos dessins, il y a un avant, un pendant, et un après ». C'est l'un des plus beaux compliments qu'on puisse me faire, car c'est en effet tout l'enjeu du dessin d'humour. Raconter une histoire en n'en montrant qu'un instantané, être suffisamment précis pour que le lecteur puisse deviner comment on en est arrivé là, ou rire par avance de la chute qui s'annonce et qui n'est pas montrée. Cela peut passer par un détail graphique, ou plus souvent par la légende, car une seule réplique peut permettre de suggérer tout un dialogue. Le hors champ est très important.

Vous avez évoqué le *New Yorker* qui est le journal phare en matière de dessin d'humour. Est-ce une référence pour vous ?

Oui, bien sûr ! Une de mes premières découvertes a été le travail de Chas Addams. Avec la famille Addams, il a créé à la fin des années 30 des personnages récurrents, ce qui rend son œuvre assez singulière. Mais les grandes caractéristiques du cartoon sont là : un dessin dans un rond, et une phrase ou deux en dessous pour raconter une histoire. En Europe, lui et d'autres ont inspiré des auteurs que j'admire énormément : Chaval, Bosc, et bien sûr Voutch et Sempé qui sont certainement mes plus grandes influences. Mais je suis également nourri d'autres auteurs ou illustrateurs. Je pourrais citer Georges Beuville ou Gus Bofa, et plus près de nous, en bande dessinée, Pascal Rabaté ou Tardi.

Tiens, toi qui t'y connais, pourrais-tu m'aider à installer la mise à jour ?

Puisque vous les citez, pouvez-vous nous dire ce que Voutch et Sempé vous ont appris ?

Je ne sais pas si je peux le dire avec précision. Ce que j'aime chez Sempé, c'est la poésie et la virtuosité dans le dessin. Voutch, de son côté, a une modernité de ton qui est irrésistible ! Leurs styles sont très différents, y compris graphiquement puisque Sempé travaille à l'aquarelle tandis que Voutch utilise la gouache. Mais si je m'en suis beaucoup nourri, j'évite désormais de m'y plonger, pour m'éviter des désillusions du style : « Ah ! Comme j'aurais aimé avoir cette idée ! »

Pouvez-vous nous expliquer le titre de ce recueil, *Addictions* ?

C'est à prendre au sens large, et non au sens médical du terme. Je ne parle pas de drogue, mais de tout ce qui caractérise notre époque et entraîne une forme de dépendance. Il suffit de mettre le nez dehors pour se baisser et ramasser : les grosses voitures, les écrans, le culte des apparences, de la performance… et je pourrais élargir encore. Mais c'est vrai que j'ai pas mal centré cette série sur les technologies et ce qu'elles révèlent de nos obsessions, comme le montre le dessin de couverture.

J'essaie de calculer le montant de ma retraite, tu sais si la sieste est prise en compte dans les cotisations ?

Il y a l'amour aussi, parmi ces addictions. Le couple est un de vos grands thèmes…

Bien sûr, comme pour tous les dessinateurs d'humour, je pense. Le couple est un réservoir inépuisable pour raconter des histoires. Les incompréhensions, les maladresses, les difficultés à harmoniser ses désirs, les petites vacheries du quotidien… C'est aussi vieux que le couple, toujours drôle et triste à la fois. Mais sur ce sujet en particulier, je pense que l'époque n'aide pas non plus. Nous sommes tous surinformés, suralimentés culturellement, abreuvés de séries, de films, d'articles qui proposent des modèles, des contre-modèles. On est obsédés par notre image, par l'idée de normalité… Et en même temps, chacun se construit son petit univers personnel, avec ses propres références, et c'est parfois bien difficile de se rejoindre, de s'ouvrir à l'autre. Je précise que toute ressemblance avec les couples que je connais bien est purement fortuite, bien sûr (rires) !

Dois-je comprendre que vous vous inspirez parfois de votre vie personnelle ?

Évidemment, on met toujours un peu de soi dans un dessin, même si le jeu consiste à forcer le trait, à pousser les curseurs plus loin, et à se détacher de soi aussi, pour donner vie à des personnages. Ma vie familiale n'est pas mon terrain d'observation privilégié, mais il en est un parmi d'autres. Certaines idées de dessins où je mets en scène des enfants me viennent par exemple de ma fille qui a dix ans et demi, et invente parfois des mots ou des réflexions que je lui pique !

Est-ce que c'est toujours de l'observation que naissent vos dessins ?

Non, il n'y a pas de règle. Parfois, il y a juste une envie de dessin : un crépuscule, une falaise, une ville… Quand je travaillais sur ma dernière bande dessinée, *La loi des probabilités*, avec Pascal Rabaté, qui est tout en nuances de bleu, j'étais plongé dans la mer, le Québec, le froid. Et pour m'évader, j'ai eu un jour envie de dessiner le désert, de mettre du jaune sur ma page blanche. C'est à partir de cette envie de chaleur et de couleur que j'ai cherché une idée. D'autres fois en effet, c'est une phrase entendue ici ou là, ou une scène de la vie quotidienne qui me frappe et que je note pour la laisser mûrir. Parce que ce n'est pas le tout d'observer, il faut encore réussir à traduire cela en un dessin qui fasse rire.

Justement, comment faites-vous pour cela ? Avez-vous des trucs ? Une boîte à outils humoristique ?

C'est difficile de répondre à cette question car on n'est pas toujours conscient de la façon dont naît une blague. D'un côté, je pourrais dire que non, je n'ai pas de boîte à outils, car l'humour ne se fabrique pas comme un meuble en kit, ce serait dommage. Mais d'un autre, une fois que j'ai eu une envie de dessin et que je réfléchis à une idée, je commence souvent par chercher un décalage, un contraste, qui est un grand ressort comique. Le décalage peut être graphique – un tout petit bonhomme dans un décor immense, une différence de morphologie – ou naître du rapport entre le texte et l'image.

Une des caractéristiques de votre travail, c'est la force et la beauté des décors, en particulier naturels, et la façon dont vous sculptez la lumière...

Ça vient vraiment de l'aquarelle. C'est mon outil de prédilection, avec lequel j'ai commencé très jeune, et que j'utilise de façon très naturelle pour le dessin. L'importance du décor dépend des histoires. Parfois, c'est lui le personnage principal, et d'autres fois, il ne sert qu'à évoquer une ambiance. L'important est que le dessin soit immédiatement compréhensible. La lumière est très utile pour orienter le regard, susciter un sens de lecture, et mettre en avant le personnage, même s'il est tout petit.

Comment « trouvez »-vous vos personnages, qui sont toujours très justes ?

De manière générale, j'aime bien dessiner des personnages ronds, qui ont une forme de bonhommie. Quitte, comme je viens de le dire, à créer un décalage en les rendant antipathiques. Mais au-delà de ce goût presque naturel, j'apporte un très grand soin aux personnages. Comme je n'ai qu'une seule petite phrase pour faire passer l'idée, il est très important de faire parler les corps, pour exprimer des choses qu'on ne met pas dans le texte, par une attitude, un sourcil relevé, ou d'autres petits détails.

L'autre chose importante concernant les personnages, c'est que je les colorise à la gouache, pour bien les faire ressortir sur mes décors qui sont faits à l'aquarelle mais assez pigmentés. Ça leur donne une épaisseur, ça attire naturellement sur eux le regard du spectateur, et le gag en est d'autant plus percutant. •

Propos recuewillis par Victor Macé de Lépinay.

Mesdames et messieurs, il est 20 heures, nous découvrons ensemble le visage du nouveau président de la République.

DU MÊME AUTEUR

BANDE DESSINÉE

Aux éditions Fluide Glacial

Addictions • 2024
Chères élites • Scénario de James - 2019

Aux éditions Futuropolis

La Loi des probabilités • Scénario de Pascal Rabaté - 2023
Didier, la 5e roue du tracteur • Scénario de Pascal Rabaté - 2018
Mort aux vaches ! • Scénario d'Aurélien Ducoudray - 2016
Clichés de Bosnie • Scénario d'Aurélien Ducoudray - 2013
La Faute aux Chinois • Scénario d'Aurélien Ducoudray - 2011

Aux éditions Glénat

Vague d'amour • 2021
Pas un jour sans soleil • 2018
Les Mystères de la cinquième République
Scénario de Philippe Richelle, 5 tomes - 2013 à 2017

Aux éditions Casterman

Nestor Burma (tome 13) : les Rats de Montsouris
Scénario d'Emmanuel Moynot, d'après Malet et Tardi - 2020
Hamlet 1977 • Scénario d'Harry R. - 2010

Aux éditions Carabas

Le Portrait • Scénario de Loïc Dauvillier
d'après une nouvelle de Nicolas Gogol, 2 tomes - 2005 et 2007

JEUNESSE

Aux éditions Flammarion Jeunesse

Sur le chemin de Reinette • Avec Emmanuel Bourdier - 2024
Clovis & Oups • Avec Aurélie Valognes, 4 tomes - 2022 à 2023

Aux éditions Gallimard Jeunesse

L'Heure magique • Avec Jean-Philippe Arrou-Vignod - 2023
Léo des villes, Léo des champs • Avec Jean-Philippe Arrou-Vignod - 2022
Le tout petit monsieur et la très grande dame • Avec Claire Renaud - 2022
Les filles montent pas si haut d'habitude • Avec Alice Butaud - 2021

Aux éditions Carabas

Elvis • Scénario de Joël Legard - 2008
Viking ! • Dessin de Matthieu Maudet, 2 tomes - 2006 et 2007

Éditions Audie-Fluide Glacial - 19, boulevard de Magenta – 75010 Paris
Achevé d'imprimer en septembre 2024 par Delabie-Lesaffre, Belgique, sur du papier Condat mat 130g
provenant de forêts gérées durablement et de sources contrôlées (et ça, c'est vachement bien !).
Dépôt légal : octobre 2024 - Première édition.

PEFC PEFC/07-31-234

Merci à toute l'équipe de Fluide pour la confiance et la liberté sans cesse renouvelées,
et particulièrement à Anaïs, Clément et Romain, ainsi qu'à Jean-Christophe.